María
Limón

LOS
BORDES

María
Limón

LOS
BORDES

PRÓLOGO DE
Laura Rodríguez Díaz

LOS BORDES
María Limón

◆

Colección: Letra Bastarda, 37
Primera edición: mayo 2025
Segunda impresión: junio 2025
Tercera impresión: marzo 2026

◆

© 2025, de los poemas, María Limón
© 2025, del prólogo, Laura Rodríguez Díaz
© 2025, de la cubierta, José Luis Puche
                joseluispuche.com - *@jluispuche*
© 2025, de esta edición, Letraversal

◆

Dirección editorial: Ángelo Néstore
Diseño: Martín de Arriba
Maquetación: Letraversal
Ayuda a la edición: Noa González Sirgado

◆

ISBN: 978-84-128275-5-2
THEMA: DC DCF
Depósito legal: MA 133-2025

◆

Impreso en España por Safekat · *Printed in Spain*
Bajo el cuidado de Rubén González Domínguez

◆

◆

LETRAVERSAL
www.letraversal.com

PRÓLOGO
El límite entre los cuerpos

Escribir un prólogo es una forma de compañía, de estar junto a los demás. Cuando María Limón me preguntó si quería acompañarla a través de este tipo de texto, sentí una suerte inmensa y pensé que la literatura, que siempre es social, tiene la capacidad de leer el mundo, de desearlo de otra manera más amable, pero también de permitirnos conocer a los otros. Nos ofrece la posibilidad, en definitiva, de conformar comunidad. El motivo por el que María y yo nos hicimos amigas fue la poesía; fuimos compañeras en la Facultad de Filología de la Universidad de Sevilla y, en ese lugar privilegiado que es la Fábrica de Tabacos, compartimos nuestros primeros poemas. Aprender a escribir poesía pasa por abrir un espacio de vulnerabilidad en el que los amigos nos señalan una rima asonante no buscada, nos recomiendan la obra de un poeta que saben que nos apasionará o, simplemente, nos miran con la confianza de quien sabe que hay algo deslumbrante en esos textos. He podido ir leyendo y escuchando los poemas que constituyen *Los bordes* con esa mirada de confianza y admiración. Con esto quiero decir que he tenido la suerte de acompañarla doblemente: en la escritura y en la publicación, un hecho que siempre agradeceré enormemente.

Este breve repaso del pasado reciente y el sentimiento de gratitud no son en absoluto protocolarios, sino que, además de ser genuinos, me sirven para poner de relieve cómo la mirada poética de María Limón es radicalmente colectiva. Si el proceso de la escritura se plantea como un acercamiento a los otros, esa misma voluntad termina haciéndose patente en el mensaje de los poemas del libro. A través de referencias amplias, de la canónica Gabriela Mistral al imaginario indie-pop de Irenegarry, María ya asienta lo que serán las bases del poemario: el deseo de comprender al otro en su expresión —poesía, rezo, canto— y el yo lírico que se sabe cuerpo, y por tanto, es consciente de estar limitado a la hora de acceder a la otredad. Estos puntos se desarrollarán, vertebrando el libro, mediante el planteamiento de diferentes preocupaciones, como el paso de la infancia y la adolescencia a la edad adulta, el papel de las imposiciones sociales en la construcción de la autoimagen y la identidad, o el diálogo con los y las amantes, desde el peso de la normatividad o las preguntas propias de la disidencia.

Estructurado en cuatro partes que permiten la ordenación del discurso y la relación entre las diferentes problemáticas, *Los bordes* comienza con un poema que delimita las preferencias estéticas de todo el libro: el manejo de la concisión, el protagonismo de la imagen y una claridad lingüística que no excluirá los momentos de abstracción. Asimismo, también vemos en esta primera composición el papel relevante que el cuerpo tensionado tiene, su miedo hacia el fin de la fisicidad: la muerte («La espalda arqueada / ante el peso de un ramo de dalias / que hace tiempo / dejaron de estar frescas»). En medio de esta escena, se encuentra la imposibilidad de acción del niño que acaba de madurar, como una fruta que cae de la rama. En el resto de los poemas de esta primera parte, seguiremos encontrando la idea de la vida como riesgo, fundamentada en la fragilidad del cuerpo. No obstante, esto no implica que el sujeto lírico no asuma el daño; de hecho, es plenamente consciente de que el cuerpo es un lugar, en específico, aquel que habita. El espacio de la propia fisicidad funciona como casa, siempre amenazada por el otro, pero también por un yo que se ve violentado y reproduce dichas violencias sobre sí mismo. En este sentido, hay una preocupación por las ideas de pureza, de culpa, de familia, y otra serie de elementos que caracterizan un imaginario religioso.

El trabajo con los componentes vinculados a la tradición católica se lleva a cabo desde una poética del cuerpo que encuentra la trascendencia en la materia corporal. El sentimiento de lo divino es posible en el momento en que el cuerpo es llevado al límite («Es un rezo personificado: / la contemplación de la bilis / no es más que un acto de fe»). De esta forma, la confirmación de la violencia impuesta a través del discurso del otro se hace desde la violencia natural de todo cuerpo. Es decir, la palabra se transforma en síntoma en cada individuo; es posible leer el cuerpo, creer en él. Así, el miedo a la pureza se resuelve en la aceptación de la impureza, que pasa a tener un componente divino («esta pureza en que ando por impuro», diría Juan Gelman). Frente a la convulsión del cuerpo, también rastreamos el deseo de silencio, otra forma de explicitar la protesta en nuestro espacio corporal. El silencio es buscado desde distintos caminos: el vacío del estómago, la pulsión por comerse hasta desaparecer, la visión del yo como un animal. La solución ante el saberse expulsado de la infancia y del paraíso planteado por el cristianismo es esta tensión entre el ruido y la mudez.

La segunda parte de *Los bordes* vuelve a incidir en lo religioso y, a su vez, amplía el papel de la familia en la construcción identitaria. Además, se detalla el paso de la infancia a la adultez, marcado principalmente por la pérdida de la inocencia («aún era pequeña / aún no sabía cómo se alimentan los mamíferos»), los cambios físicos de un cuerpo en crecimiento («Con diez años limpiaba / la sangre entre mis piernas / y creía que los ratones / nacían de huevos»), la aceptación de la violencia que implica ser adulto («He necesitado años / —y abandonar la escuela— / para

aprender que la hembra / no puede garantizar la super-
vivencia / de todos sus hijos») y el cambio de papeles con
respecto al cuidado: de receptora a dadora, una especie
de orfandad («empecé a acompañar al hospital / a los
otros y a acudir al médico / sola»). Este estado de desu-
bicación del sujeto lírico nace tanto de lo social como de
lo natural: como hemos visto, existen una serie de impo-
siciones que dañan al yo, pero también se plantea que
todo cuerpo es vulnerable y puede sufrir la enfermedad
como una herencia familiar. *Los bordes* es un poemario
muy hábil en el establecimiento de esta tirantez entre el
daño infligido por otros, el castigo corporal autoimpues-
to y el declive esperable en todo cuerpo, así como en la
manera en la que presenta ciertas cuestiones relativas al
género en relación con estas formas de violencia («Son
los últimos días de verano / y el hombre ingenuo pregun-
ta / *cómo te hiciste esto* / mientras señala una cicatriz»).

En esta segunda parte, se anuncia la presencia de lo
amoroso, en la que se ahondará en las dos siguientes
partes del libro. La presencia del otro en este ámbito
está marcada por el deseo de conocer el pasado del yo
lírico («Cuando alguien se enamora de otra persona,
sea cual sea el temperamento de ese amor, casto o im-
puro, se la imagina como niño o niña», diría Angélica
Liddell). De esta forma, la cuestión funciona como un
contrapunto con respecto al interés del sujeto poético
por repasar su infancia y el pasado de su familia para
preguntarse por su identidad. El amante quiere saber
quién fue la persona a la que ama, qué camino le llevó a
ser lo que hoy desea. Esta es una forma de contraste que
introduce una visión más tierna. Sin embargo, convivirá
en el mismo apartado del poemario con una fuerte crítica
al patriarcado, a las dinámicas violentas de este sistema
y al impacto que tiene en la voz que enuncia («Hemos
sido educadas / bajo el lenguaje de los hombres»).
Como respuesta a la conciencia sobre dichas dinámicas,
el hambre deja de ser emancipador y comienza a haber

una preocupación por el bienestar de la mujer que busca estar hambrienta.

Los dos últimos apartados del poemario se encuentran estrechamente relacionados, ya que en ambos se plantea que el cuerpo no solo es una casa para nosotros mismos, sino también para las personas amadas («una tierra extensa / donde acogerte / sin restricciones»). Pese a esto, el sujeto lírico no deja de estar amenazado por la posibilidad del daño, lo que suscita ciertas vacilaciones entre las figuras amorosas. El retrato de diferentes escenas eróticas o relativas al deseo convive con las preocupaciones de una relación sáfica entre mujeres: la imposición de la heteronormatividad genera dudas en la relación entre el sujeto lírico y su amante (*no me mires con deseo / guárdalo me asusta no lo exhibas*). Sin embargo, aunque se problematicen las relaciones que se desarrollan fuera de la norma, igualmente se presentan motivos que las hacen valiosas, una forma de reivindicación frente a la violencia establecida de manera sistemática, con una reescritura de César Vallejo y su preocupación por el encuentro amoroso incluida («Pienso en tu sexo y me siento frágil: / contigo no hay que rebanarse / la garganta»).

El último apartado, que funciona como una progresión del anterior, recoge el final de la relación protagonista. Presenta el fin, no sin antes establecer la idea de igualdad entre las amantes («Nuestros muslos eran iguales»; «Miramos nuestro torso / descansamos en silencio / dijimos / yo nunca he tenido una hermana»), lo que inevitablemente nos hace pensar en Luis Cernuda y su forma de retratar a los amantes como «mitad y mitad, sueño y sueño, carne y carne, / iguales en figura, iguales en amor, iguales en deseo». Asimismo, se introduce en esta parte del libro una aceptación de la vulnerabilidad a través de la presencia de las amigas y el planteamiento de la infancia como un estado que persiste en nosotros («Menos mal que permanecí pequeña / y ahora llamo a las amigas / para que alcancen los estantes»). Las principales posibilidades sociales quedan así plasmadas en el poemario: familia, pareja, amistad. El último poema, por la manera en la que se disponen sus recursos, parece dialogar con el primero —brevedad, imagen, apertura del texto—, pero ya no encontramos un señalamiento a la muerte o a cualquier forma de final cerrado, sino tres preguntas y los murmullos de las voces que se encuentran lejos de nosotros.

En un poemario en el que hay una dura crítica a los valores tradicionales que expulsan a determinadas identidades, las marginalizan, también hay una búsqueda de la belleza, del reverso positivo de lo que nos preocupa, de la otredad que nos acompaña aceptando nuestra vulnerabilidad y, sobre todo, la confianza en que es posible el cambio. Me gusta leer el murmullo final como una incertidumbre hacia lo que está por venir, como otra forma de desdibujar los límites entre los cuerpos, sus bordes. Acompañemos en la tarea a María Limón. Ella ya nos acompaña con este libro.

LAURA RODRÍGUEZ DÍAZ

A la gente de Margaritas,
por sostenerme entre sus manos.

Ahora no solo comprendo al que reza;
ahora comprendo al que rompe a cantar.

GABRIELA MISTRAL

Chiquita privilegiada
llora cuando quiere comer.

IRENEGARRY

I

La espalda arqueada
ante el peso de un ramo de dalias
que hace tiempo
dejaron de estar frescas.
Ni los niños
son capaces de aguantar
la carga que supone
una naturaleza muerta.

Nadie me explicó
que el cuerpo es una casa
y que los mismos que la habitan
son aquellos que planean
su derribo.

Creo en la arcada
como un acercamiento a Dios.
No hay otro momento
en el que estemos
más limpios.

Hay quien se acerca a Dios
cada mañana.
Bajito, aun cuando todos duermen,
gotea se abre convulsiona
ante la taza del váter.

Es un rezo personificado:
la contemplación de la bilis
no es más que un acto de fe.

La comida y el amor desde
la carencia saben distinto.

Un estómago vaciado
no suena como uno vacío.
Es un logro personal:
crear silencio dentro.

Con la boca abierta frente al espejo
miro lo que las marcas en la mano
ya me habían señalado.
Doce incisivos son prueba suficiente:
soy un mamífero torpe
hasta mi carne se me hace blanda.

Cuántas veces he de negar:
nunca tu nombre me supuso un alivio.

De rodillas todo castigo es más llevadero
porque así te invocan los fieles
los puros los buenos los que tomaron tu mano
y dijeron *algún día podremos descansar.*

Se levantan, seguros y gloriosos,
en sus bocas no hay lugar para la duda.
Utilizan términos como
patria, familia, honra.
Los envidio;
desconozco todo concepto en su práctica
soy huérfana de mí misma.

II

Ahora ya eres toda una mujer
y el endometrio
imitaba a un pez anciano en su
descamación

BERTA GARCÍA FAET

Aprendí el rezo
a la vez
que la palabra.

No conocía el pudor
corría tras los otros niños
cantaba sobre sus caídas
hablaba de ser madre
con muñecos en los brazos.

Llegó la menarquia y pensé
esto no me puede pasar a mí

porque aún era inocente
aún era pequeña aún no sabía
cómo se alimentan los mamíferos
tenía un libro de conocimiento del medio
totalmente intacto y las profesoras
reñían a mi madre
(era su culpa ella me había
explicado que los roedores
a veces se comen a sus crías)

Con diez años limpiaba
la sangre entre mis piernas
y creía que los ratones
nacían de huevos.

No crecí ni un centímetro
desde entonces abandoné
las ciencias naturales

empecé a acompañar al hospital
a los otros y a acudir al médico
sola
porque ahora era núbil agnóstica
graduada mujer intelectual conocedora
de todos los campos del cuidado.

Comencé a llorar en silencio
y a rezar sin mover los labios.

En las salas de espera
siempre se es una niña.

Desde mi lógica infantil
ningún mamífero podía ser cruel.

La cría debe alimentarse de la madre:
entonces por qué el hámster
devora parte de su camada.
Creí que era un animal fallido
parir era un acto sublime
para un ser capaz de invertir
la cadena reproductiva.

He necesitado años
—y abandonar la escuela—
para aprender que la hembra
no puede garantizar la supervivencia
de todos sus hijos.
Los nutrientes del vástago elegido
es lo que mantendrá vivos
al resto de sus hermanos.

Madre, toma mi cuerpo
es por el bien común.

Las crías tullidas son
sacrificadas por la hembra.
Es instinto materno:
no dejar que sean otros
los que dañen al hijo débil.

Así avanza la especie:
donde el animal ve flaqueza
nosotros aprendimos a ofrecer
a los más fuertes.

Cada mañana aplico aloe vera
hasta que la superficie queda rugosa
la hinchazón desparece
y se revela lo quemado.
Entonces quito la piel,
observo la que nace
y pienso en mi madre.
En su voz que me dice
lo llevas todo al límite

y sigo tirando.

Una mujer y un hombre descansan
en el borde de una alberca.

Son los últimos días de verano
y el hombre ingenuo pregunta
cómo te hiciste esto
mientras señala una cicatriz
—apenas un pequeño trazo rosado
no ocupa más de dos centímetros—
en el muslo de la mujer.

Es una de las típicas preguntas
que se hacen los cuerpos
cuando se están conociendo:
quiero saber de tu infancia
háblame de la caída
cuántos años tenías entonces
cómo te hiciste esto

Son los últimos días de verano
y ella se siente derrotada.
Lleva meses acariciando
esa misma línea sin que nadie
repare en el leve surco.

No lo sé musita.

Durante unos segundos de silencio
ambos observan a los insectos
hundirse en el agua de la alberca.

No lo sabes murmura el hombre
mientras ve cómo una avispa
se retuerce a medio metro de ellos.

Aunque no lo esté mirando,
sé que el muslo de mi padre
ha comenzado a temblar.

Conozco el miedo
porque entiendo lo que implica
tener un legado.
Cuando siento que mi dedo se mueve más lento
pienso en cada uno de los huesos de mi padre
rompiéndose.

I

Las mujeres de esta familia
van solas al hospital.
Una vez al mes se señalan
las costillas y dicen
creo que las he roto.

Se encogen por no sentir
el peso de sus órganos
y suspiran
al acariciar un hematoma.

II

He despertado con
este ruido en los riñones
y una sensación de angustia
que no casa con el calendario.

Por qué no me dijiste nunca
que la ausencia puede
desearse tanto.

Una está enferma todos los días
si no sabe explicar lo que le duele.

Mi madre solía tumbarse en la alfombra
del despacho de su padre.
A los veinte, treinta, cuarenta,
pasaba horas hablando por teléfono.
Recuerda estar en el suelo escuchando
un pésame y no entiende qué hacía
por qué nadie iba y la obligaba a levantarse,
a ser una mujer adulta a enseñar a los niños
que llorar no es un acto que se comparta.

Mi madre dice
he sido una niña casi toda mi vida.

Orfandad y adultez son la misma palabra.

Nunca hablabas sobre tu padre
ni contabas anécdotas.
Una vez dijiste que te reñía
cuando llorabas.
Quería que crecieras
demasiado rápido.
Tu padre tenía miedo de morir
y que nadie te enseñara
a ser un hombre.

Hemos sido educadas
bajo el lenguaje de los hombres.

Es el mismo código que encerró
a nuestras madres en el baño.
Las condenó al silencio
mientras desde la infancia
-deseosas de ser liberadas
en las tardes de octubre-
jurábamos no terminar así.

Ahora sabemos que todo final
conlleva un castigo.
Una mujer que llora
es sinónimo de hambre.

Me pregunto si estarás comiendo bien.

III

Qué capricho tan burgués:
querer morir de hambre.

Arrancar este trozo de carne
que estremece mi pecho.
Mirarlo palpitar en mi mano,
llenarme la boca,
morderlo hasta hacerlo pedazos
y dejar que la sangre me dé de beber.
Todo para luego asomarme al hueco
e instalar mi cuerpo allí.

Llevarse al límite es
una forma de juego.

Si dices *vacío*, pienso en el hambre
en un cuerpo que se encoge
al descubrirse a sí mismo.

Si dices *frío*, pienso en los
miembros que no responden
en la capacidad de saberse presente
por el intento fallido.

Existen métodos menos solitarios
pero no quisiera implicarte.

Durante noventa días limpié esta casa,
durante noventa días desperté manchada por
elestigmaladecepciónlosefectossecundarios.

Tuve que renunciar al vacío,
a esa nueva forma de estar a salvo.
Ahora puede llegar cualquiera
y abrir este cuerpo.

Si es posible el fruto es porque
nos hemos acostumbrado al dolor.

Rasgué la piel
porque creí encontrar

un vacío suficiente

un espacio ilimitado

una tierra extensa

donde acogerte
sin restricciones.

Abro mi sexo decepcionada
aun sabiendo que no es posible
que no es lógico.
Mis piernas sin secar
y ya pasaron treinta días.

Quiero que me laves cada mañana:
agua tibia
endometrio machacado.
Prometo no llorar
ante el tacto.

Pero si mi cuerpo está roto
dónde vivo.

Palpo cada borde
por si encuentro restos
que expliquen este cansancio.

quiero escucharme caer
para saber cuál es el sonido
que hace un cuerpo estéril.

No es tejido no es superficie
no es fragmento tiene que haber palabras
para hablar de su dureza cómo explico
que lo siento bajo los dedos cada noche
y que necesito rozarlo para caer dormida
cómo hacerlo si no cómo descansar si no hay
algo domesticado a lo que aferrarse.

Un cuerpo suspendido
no puede ser casualidad.

Dijiste
> *no me mires con deseo*
> *guárdalo me asusta no lo exhibas*

Te avergüenzas tanto
que he tenido que volver
pese al impacto.

Sabes
me hubiera gustado
cumplir mejor mis promesas:
abrirme la carne un poquito
lo justo para introducir
el índice oírte suspirar
fijar la mirada en tu mentón
mientras tu mano ahonda en mí
sentir cómo me falta el aire
mientras susurras que la situación
te hace daño.

¿Habéis probado a besar a
los hombres desde la garganta?
Es la única forma:
cómo si no alcanzar la barbilla
torcer el gesto aguantar el embiste
romper la piel alzarse bella
poder decir
aquí dentro hay algo más que furia.

Veo un pájaro y pienso en tu sexo
cómo yacer con otro en las piernas
si la sábana se vuelve campo
si los dedos se tensan agarrándose
a la entereza del espacio.
Pienso en tu sexo y me siento frágil:
contigo no hay que rebanarse
la garganta.

IV

Deseé un amor capaz
de resistir en la caída.
Nuestros muslos eran iguales
y mis uñas crecían al contacto
con tu pecho
        pensé *por fin soy una mujer*
        me he extendido ante lo amado
pero tu mano se volvió inerte
cuando empecé a preguntar
por qué habías dejado
de incluirme en tus silencios
de dónde venían las manchas en el baño
de las que nadie hablaba.

amor, amor
quise ponerte a este lado del cuerpo
donde el hambre no alcanza
y puedes disfrutar de la luz.

me hubiera gustado dejarte
quietecita en un rincón
donde nada te salpicase
y que mi tristeza fuese
una nube lejana que observas
sentada en silencio resguardada
aquí, a este lado del cuerpo.

Todos los amantes son
el mismo cuando callan.

El cuerpo reconoce el silencio
como un castigo más;
lo añade a su lista y juega
a dejar de nombrarse.

Con los años entiende
que nadie lo recuerda.
Busca sonidos amables
en bocas que no desea
y miente a sus mayores
usando de excusa el apetito.

El cuerpo es un niño
que cree que haciéndose daño
conseguirá que nunca más
dejen de llamarle.

No te complace esta
inmersión de roles
aunque mi mano te sujete
dejándote suspendida

      tu boca abierta es un llamado
      un indicio de plenitud

No hace falta que me busques
aguanto el peso de todas
tus dobleces.

No es suficiente.

              Más tarde, recostada a mi espalda
        hablas sobre la imposibilidad de estar juntas.
                  Estamos piel con piel
              por un momento, me basta.

Te lo dije tantas veces;
he tenido que amar a otras mujeres
para poder aceptar este cuerpo.

Ahora que no estás,
dime, amor,
cómo llevo esta masa hasta la luz.

Si al yacer entendiste
que no éramos iguales
podrías haber dicho
sácate las venas amor
las pisaríamos y durante el juego
-estallido de color superfluo-
aprendería que toda materia
puede ser vulnerada
por tu presencia.

Entre tanto ruido
miro los cuerpos moverse.
Me estás hablando, creo.
Si no, no entiendo qué llevó
tu mano a mi cadera.

Quisiera volverme, ser capaz
de distinguir tu voz.
Me perdería a todos aquellos
que han optado por no hablar hoy
y desplazarse a través de gestos.

Tienes el don de la palabra y la palabra es bella
pero no sirve para nada.

Mi amor es una amenaza,
sé consecuente con donde tocas.

Posas tu mano en mi cadera
durante pocos segundos.

La retiras; sabes que este momento
es un punto de inflexión.
Tu mano moviéndose dibuja una marca
a la que volveré en la ducha
para frotarme con vehemencia.

Aún siento el contacto

escuece.

Mis manos parecen blandas
no responden ante la violencia.
Se mueven lentas tras tu voz

Trátame bien pero acaricia fuerte

Sienten pudor por mostrarte
que pueden cumplir tu deseo.
Entenderías que ya me han probado:
esta culpa no es nueva.

Amor, es cierto,
yacimos juntas.

Miramos nuestro torso
descansamos en silencio
dijimos
yo nunca he tenido una hermana.

Amor,
ya no duermes a mi lado
y no tengo que distinguir
cuáles son mis piernas;
ando mucho, duermo poco
yazco sola
vine de una estirpe
de mujeres cuyos orificios
cicatrizarían para ocultar
que una vez buscaron
otro hueco frente al que mirarse.

A Amanda

Hubiera podido reunirlo
centímetro a centímetro
de haberlo sabido necesario.

Pero una no conoce la muerte
hasta los trece años
y con los muslos manchados
es demasiado tarde.

Si lo hubiese sabido antes
habría puesto todo mi esfuerzo
en estirarme poco a poco en
alargar esta mísera masa
habría evitado sillas y gritos
de auxilio ante la idea de que
todo quedaba demasiado
lejos.

Si lo hubiese sabido
habría intentado crecer lo suficiente
para no depender de otros cuerpos.

Menos mal que permanecí pequeña
y ahora llamo a las amigas
para que alcancen los estantes.
Sus dedos fruncidos alrededor
del alimento me hacen pensar

me gustaría haber sido más pequeña

y caber en cualquier mano

cada vez que recordase
que el techo no queda
tan alto.

amor
tu voz al otro lado de la línea
abre un paréntesis en la rutina

he limpiado la casa reajustado
el armario no abro la alacena
(la última compra la hicimos juntas)
tomo las pastillas con el café
bebo más café como menos
leo a veces duermo tanto
las amigas se quedan a dormir
a desayunar hacen la compra
van a por las pastillas soportan
los mismos poemas día tras día

pero tu voz amor me saca de
la cama del café de las pastillas
tu voz anula el enfado sacia el
hambre regula el sueño calma
las náuseas mece el pensamiento

cuelgas tu voz se pierde
regreso a casa sola

mi madre cansada de esperar
ha limpiado la cocina
la olla descansa tibia

no tengo apetito

vuelvo a la cama.

Qué haremos
ahora que hasta el pan
nos ha sido negado.
Qué marcará el inicio del día.
Cómo sabremos que el sol
trabaja otra jornada.

Allá donde nuestra vista no alcanza
las voces siguen rumiando.

NOTA

El poema «Abro mi sexo decepcionada» surge del verso «de dónde esta herida entonces» del poemario *Movernos en la sed*, de Carla Nyman.

El poema «¿Habéis probado a besar a» hace referencia al poema XIII de *Trilce*, de César Vallejo, pero también a los versos «Hay pájaros que mueren en el cielo / luego les toca caer» de Alejandro Marín.

Los versos «Deseé un amor capaz / de resistir en la caída» los escribí después de escuchar a Mitski cantar «And I want a love that falls as fast / as a body from the balcony».

El antepenúltimo poema del libro empieza con «Hubiera podido reunirlo», primer verso del poema que abre *Cuerpo*, poemario de la escritora venezolana María Auxiliadora Álvarez, donde denunció la violencia obstétrica sufrida en Caracas.

AGRADECIMIENTOS

Gracias a las amigas que leyeron este libro cuando aún no sabía que sería un libro: Alejandro Marín, Javier C. Luna, Rodrigo García Marina, Marina García del Barrio, Agustín Silva, María de la Cruz, Jesús Pacheco, Marta Cabrera, Candela de Pablos, Isabel Penalba, José Feria y Pedro Carmona. Compartimos la fascinación por la palabra, pero más nos fascina el otro.

Gracias a Jose, Kike, Salva, Marina y Ana, por crear un hogar conmigo y permitirme esparcir los folios por la mesa del salón para ver qué podía salir de ahí. Aparte de un libro, gané mis mejores anécdotas y la convicción de que nada ayuda tanto a sanar como que te quieran. Gracias a Mery y Olmedo, amigas de la adolescencia, primeras poetas a las que leí. Escribo porque un día me senté en los columpios del Lorca a vuestro a lado.

Gracias al equipo de Letraversal, por darme una casa donde descansar este cuerpo, digo texto. Gracias a Ángelo Néstore, que además de cuidarme como editora, escribió *Actos impuros*. Hay lecturas que nos mueven a ser quienes somos, yo soy más libre gracias a su escritura. Gracias a Javier Fernández, por ayudarme a escribir sin miedo.

Gracias, especialmente, a Javi Navarro, que me conoció en mi época de más silencios y, en vez de asustarse, decidió quedarse a compartirlos conmigo. Tengo muchas ganas de envejecer juntas. A Fredi, por darle título al libro, los cuencos de cereales, las *romcoms* y todas las novelas que nos quedan por leer de Marcelo Chiriboga. A Paula, por la escucha, el pop y la invitación para conocer su pueblo. Te debo una visita. A Laura, por hablarme de Blanca Varela, los barcos de sushi, animarme a seguir escribiendo, pero, sobre todo, por quererme.

Gracias a mi madre, por hacerme socia de la biblioteca a los 6 años y guardar todos los poemas que escribí de pequeña. Gracias a mi padre, que no se llevó todos los libros, porque pensó que algún día estos me dirían algo.

Gracias a toda la gente que me quiere y a la que dejo sin mencionar. Somos muchas. Qué suerte.

ÍNDICE

La primera edición de *Los bordes* se terminó de imprimir, por encargo de Letraversal, el 25 de marzo de 2025. Ese mismo día de 1953 , la pequeña adolescente Alejandra Pizarnik estaba a punto de acabar sus estudios de secundaria con todas las dudas propias de su condición mortal. Por entonces todavía tenía una certeza: *Pero mis brazos insisten en abrazar al mundo porque aún no les enseñaron que ya es demasiado tarde.*

◆◆◆